LA GLOIRE

DU SOUVENIR

3 2

DU MÊME AUTEUR

RIMES NEUVES ET VIEILLES

Un volume grand in-18

AVEC UNE PRÉFACE DE GEORGE SAND

Paris 1866 (épuisé).

LES RENAISSANCES

Un beau vol. grand in-18

CHEZ ALPHONSE LEMERRE

Paris 1859

ARMAND SILVESTRE

—

LA GLOIRE

DU SOUVENIR

POËME D'AMOUR

FAC ET SPERA

PARIS

ALPHONSE LEMERRE, ÉDITEUR

27, PASSAGE CHOISEUL, 29

—

1872

PROLOGUE

—

L'ANNIVERSAIRE

Je ne respire plus, dans l'air tiède d'été,
Les parfums de ton corps et de ta chevelure ;
Mais comme un feu secret, au fond d'une brûlure,
Le désir de ta bouche à ma bouche est resté.

Tu demeures le Rêve, ayant été la Vie ;
Mon front encor vaincu cherche ton pied vainqueur :
Car tu fis de mon être, en déchirant mon cœur,
Deux parts dont l'une est morte et l'autre inassouvie.

Que fait, à qui connut tes charmes sans pareils,
L'inutile beauté des songes et des choses?
— Sur tes lèvres en fleur j'ai bu l'oubli des roses
Et dans tes yeux profonds le mépris des soleils!

Donc, n'espérant plus rien des cieux ni de la terre,
Ni des dieux, ni de toi, ni même de l'oubli, —
Je ne sens vivre en moi, mort mal enseveli,
Qu'un souvenir pensif, profond et solitaire.

I

D'autres peuvent servir la beauté dont je meurs
Et tomber tour à tour du faîte de leur rêve,
Avec des cris profonds ou de vaines clameurs :
— Plus haut qu'eux, en plein ciel, mon rêve, à moi, s'achève

Depuis que, demeuré sans guide par l'air bleu,
Pour expier l'affront de l'avoir contemplée,
S'abaissant pour jamais, ma paupière brûlée
Enferma sous mon front la vision de feu,

Je n'ai jamais maudit, dans mon cœur solitaire,
Ni son éclat mortel, ni la hauteur des cieux,
Comme l'aigle aveuglé qui vient heurter la terre
Quand le soleil trahit l'audace de ses yeux;

Mais, sous la nue immense et par l'azur rebelle,
L'œil sans lumière, au fond de l'éternel séjour,
Je vais conter aux dieux qu'Elle seule étant belle,
Loin d'Elle mes regards n'ont plus souci du jour!

II

Sous la nue où j'erre en silence
Plus d'une étoile m'a parlé :
Que fais-tu sous la nuit immense ?
— J'ai dit : Je suis l'inconsolé.
J'ai les yeux percés d'une lance !

Écoute, m'a dit la première,
Je suis l'Étoile de Pitié :
Je fais deux parts de ma lumière
Et je t'en donne la moitié.
— J'ai dit : Garde-la tout entière !

L'Étoile d'Amour, la seconde,
M'a dit : Par mes baisers flottants
J'ai sur la vieillesse du monde
Fermé les blessures du temps.
— J'ai dit : La mienne est plus profonde!

L'Étoile d'Espoir, la troisième,
M'a dit : Vers tes pas incertains
Je veux la guider elle-même.
— Pour rallumer mes yeux éteints
J'ai dit : Il faut celle que j'aime!

Plus de clarté gît en sa main
Qu'il n'en faudrait pour peupler l'ombre.
Tout luit en son front surhumain,
Et Dieu fit, des astres sans nombre,
La poussière de son chemin!

III

Tel mon cœur, astre obscur que la chaleur déserte,
Sentait, sous ses pieds nus, rayonner la fierté,
Et d'un sang rajeuni la vermeille clarté,
Sous ses ongles, monter à ma poitrine ouverte.
— Tel mon cœur, astre obscur que la chaleur déserte !

O torture divine, ô poids doux et sacré
De son corps virginal en qui la mort nous tente !
Le rhythme de mon souffle, à son pas mesuré,
S'éteignait au toucher de sa robe flottante.
— O torture divine, ô poids doux et sacré !

Mais depuis combien d'ans est-elle donc passée ?
Rien ne marque les temps le long de mon chemin :
C'est pour l'éternité que mon âme est blessée,
Et tous les jours sont hier pour un tel lendemain !
— Mais depuis combien d'ans est-elle donc passée ?

Je suis épouvanté de me sentir vivant !
Ma douleur a compté tant de siècles dans l'ombre
Et tant de vains espoirs dans la plainte du vent !
Éternel est l'adieu qui fait ma route sombre.
— Je suis épouvanté de me sentir vivant !

IV

Ah! si l'Etoile de la Mort,
A ses propres feux consumée,
N'est plus l'hôtesse accoutumée
Du souvenir et du remord,

Où fuirai-je, si l'étendue
S'ouvre à mon vol sans le fermer,
S'il me faut à jamais t'aimer,
Toi qui m'es à jamais perdue?

Toi qui passes, rayonnes, luis
Et fais vivant ce que tu touches,
Lumière de mes yeux farouches,
Où fuirai-je, si tu me fuis?

Où s'en va le vent qui m'emporte?
Où gît le repos de mon cœur,
Puisque, sur ton chemin vainqueur,
L'Étoile de la Mort est morte!

V

Le seul qui monte aux cieux est le bruit lent des flots,
Quand la Nuit à leur voix ouvre ses grands silences
Et, comme le sang perle à la cime des lances,
Égrène, dans l'air froid, leurs rhythmiques sanglots.

Ainsi que le plongeur qui garde en son oreille
Le retentissement cadencé de la mer,
J'ai gardé sous mon front et dans mon cœur amer
Une voix obstinée, au bruit des flots pareille,

Qui berce ma douleur comme en un lit profond
Et sur mes désespoirs passe comme une larme,
Sa voix, sa voix qui pleure et qui ment et qui charme
Et qui feint de guérir le mal que ses yeux font.

La Nuit est sans pitié qui m'apporte ce leurre
D'entendre encor sa voix comme un chuchotement,
Sa chère voix qui charme et qui pleure et qui ment,
Sa douce voix qui ment et qui charme et qui pleure!

VI

J'ai rencontré les cygnes blancs
Qui, leurs grandes ailes tendues,
Allongeaient vers les étendues
Leurs cous nobles et nonchalants,
— Leurs cous pareils aux bras tremblants
Dont les caresses sont perdues.

Leur vol égal et fraternel
Battait lourdement l'air qui passe ;
Moroses, ils fendaient l'espace
Où palpite un flux éternel,
— Et leur cortége solennel
Fuyait sans y creuser de trace.

— Changez d'azur, doux exilés !
Désertez à jamais la terre.
Mais qui vous rendra le mystère
Des lacs par la nuit étoilés ?...
Frères, je vais où vous allez :
Emportez mon cœur solitaire !

Un souffle amer nous a meurtris
Et sa grande aile est déchirée :
Celle qui me fut adorée
Loin d'elle a chassé mes esprits.
— C'est elle qui nous a proscrits,
Répondit la troupe sacrée.

Nos honneurs sont ensevelis :
Nous étions la blancheur ailée
Dont, un jour, s'était envolée
L'auréole des fronts pâlis !
— Nous étions la blancheur des lis
Et de la neige immaculée.

Mais devant son corps enchanté
Nos clartés sont des ombres vaines :

L'azur frémissant de ses veines
Court au bord de son front lacté.
— Elle est l'immortelle Beauté
Faite des choses souveraines.

Devant la grâce de ses traits
Toutes grâces sont défendues.
— Fuyez seuls vers les étendues,
Doux oiseaux, et mourez après;
Car à ses pieds je volerais
Si des ailes m'étaient rendues!

VII

O pâleur, ô clarté nocturne de son front,
Rayon lunaire pris au frêle réseau d'ombre
Que jette autour de soi sa chevelure sombre,
Pour être éteints, mes yeux jamais ne t'oublîront.

Mon esprit veille encore à ta lueur brisée,
Lampe marmoréenne, admirable flambeau!
Si la pitié des dieux te laisse à mon tombeau,
Le sommeil sera doux à mon ombre apaisée.

O blancheur, ô clarté froide de ses seins nus,
O soleil prisonnier sur la neige vivante,
O brûlure de glace, ô fraîcheur décevante,
Éclairs d'acier! je meurs de vous avoir connus.

Et mon cœur est pendu comme au bout d'une épée,
Au souvenir aigu de ses seins triomphants!
— Mais la douleur m'apprit la douceur des enfants
Et mon âme bénit celle qui l'a frappée.

VIII

Si tout mon sang fuit de mon cœur,
Je veux que, sous ton pied vainqueur,
En tombe la dernière goutte!
— Mon âme errante y sera toute.

Des roses rouges en naîtront
Qui vers ta bouche élèveront,
Comme des lèvres enflammées,
Mes blessures jamais fermées.

Pour le calice de ces fleurs
L'Aurore n'aura pas de pleurs,
Les voyant pleines tout entières
De ceux qu'ont versés mes paupières.

Si vers leur parfum languissant
Tu penches la tête, en passant,
Comme un souffle qu'on effarouche,
Mon âme en fuira sur ta bouche.

IX

'Ta lèvre a bu le souffle à la lèvre des fleurs.
Lorsque tes yeux ont pris à l'Aube la lumière,
Sous l'Aube en feu ta lèvre a bu, parmi ses pleurs,
Leur grâce à peine ouverte et leur odeur première.
— Ta lèvre a bu le souffle à la lèvre des fleurs.

Et c'est pourquoi ton sein, gonflé de leur haleine,
Monte et s'épanouit dans la blancheur des lis,
Et toutes les splendeurs dont ta jeunesse est pleine
Exhalent les parfums longtemps ensevelis
Dans ton sein virginal gonflé de leur haleine.

Comme un ferment sacré qui tend vers les soleils,
Et jaloux de renaître en ta beauté profonde,
Ces germes odorants font tes charmes pareils
A l'épanouissement du printemps sur le monde,
— Tel un ferment sacré qui tend vers les soleils.

Et seules, du printemps éternel exilées,
Meurent les tristes fleurs qui naissent de mon sang;
Les fleurs, sur le sol nu par ton pied nu foulées,
Sans monter jusqu'à toi leur parfum languissant,
Les fleurs, les seules fleurs du printemps exilées!

X

Les aveugles et les amants,
A qui la clarté fut ravie,
Vivent exilés de la vie,
Et je sais leurs divins tourments.

Ceux-là surtout dont la paupière
A connu l'Aube et la Beauté,
Dont le souvenir s'est sculpté,
Fixe, dans un rêve de pierre,

Ceux que l'immuable a faits siens,
Prisonniers de la nuit profonde,
Et dont l'âme enferme le monde
De tous leurs bonheurs anciens

Loin d'eux l'Aube et la Bien-aimée
Réveillent des cœurs et des yeux
Et, sur des fantômes joyeux,
Versent la grâce accoutumée.

Mais leurs yeux, dont l'ombre a banni
L'image troublante des choses,
Derrière leurs paupières closes,
Se sont tournés vers l'infini

Où, pour la splendeur sidérale
Désertant le charme maudit,
L'Idole, étant dieu, resplendit
Dans une lumière idéale.

XI

Ah! je me trompe en vain moi-même et j'ai menti :
Car le rayonnement de ta gloire charnelle
A brûlé dans mes yeux la lumière éternelle
Et le vide a peuplé mon front appesanti.

Comme au choc de la foudre un marbre se fait sable,
J'ai senti fondre en moi l'antique Vérité :
Rien n'est divin que Toi, n'est saint que ta Beauté,
Et rien n'est éternel que ton corps périssable!

Rien n'est vrai que ta bouche où la parole ment,
Juste que le caprice errant de ta pensée,
Doux que le mal cruel dont mon âme est blessée,
Et sûr que le fragile espoir de mon tourment!

Car je suis le damné de ta Beauté profonde,
Le douloureux amant que veut ta cruauté,
Et, pareil au Titan par les cieux emporté,
Où se heurte mon cœur j'y sens périr un monde!

XII

O poussière d'astres brisés
Que soulève le vent nocturne,
Jusqu'au firmament taciturne
Monte tes lumineux baisers.

O lumière pâle et lactée,
Cendre d'argent d'astres éteints,
Au bord des horizons lointains
Monte ta blancheur enchantée.

— Tombé des cieux, je leur ai pris
Des étoiles, et vais, sans trêve,
Dans l'or dispersé de mon rêve,
Couronné de ses vains débris.

Et parmi la vaine fumée
Où s'en va ce qui fut mon cœur,
Tout blanc, ton fantôme vainqueur
M'enveloppe, ô ma bien-aimée!

XIII

Ayant fait prisonniers mon esprit et mes yeux,
La chère vision sans cesse les promène
Sous la caresse lente et le frisson soyeux
Des formes où fleurit ta beauté surhumaine.

Elle emplit de langueurs douloureuses ma chair,
Et fait monter le flot des baisers à ma bouche ;
Car dans l'inanité décevante de l'air,
C'est toi que je respire et c'est toi que je touche !

C'est toi qui bois le souffle où mon âme a passé
Et creuses dans mon sein les profondes angoisses
Et, plus étroitement que l'habit que tu froisses,
Autour de ton beau corps tiens mon être enlacé.

Et du mal dont je meurs je ne sais plus la place;
Car, esclave meurtri de ton corps triomphant,
Sous sa blancheur de neige, une étreinte de glace,
Comme un arbre captif, a pris mon cœur vivant!

XIV

L'impérissable orgueil de mon cœur vient de celle
Qui daigna sur mon cœur poser son pied divin
Très-longtemps et très-fort, — afin qu'il se souvînt:
Depuis je n'ai connu la douleur que par elle;

Car j'ai souffert des maux qu'elle n'espérait pas,
Fier du sillon saignant qu'elle ouvrit dans mon être
Et qui des dieux jaloux me fera reconnaître :
O gloire ! j'ai servi de poussière à ses pas !

Et je reste meurtri loin de la route ailée
Où sa course égarait le caprice des cieux,
Meurtri, vide, et pareil à l'air silencieux
Que brûle encor le vol d'une étoile envolée.

Sidérale blancheur du front pur qui, vers moi,
Pencha du firmament la lumière sacrée,
Vision tout entière en mon cœur demeurée,
L'impérissable orgueil de mon cœur vient de toi!

XV

Je dirai ta beauté perdue à ceux qu'offense
  La superbe de ma douleur,
Ton front marmoréen, éternelle pâleur,
  Ton sourire, éternelle enfance ;

Et tes yeux au regard magnétique et profond
  Pareil aux lampes vénérées
Qu'un jour intérieur illumine et qui font
  Palpiter les ombres sacrées ;

Et l'éclat de ton col dressé jusqu'à l'orgueil
    De ta face où dort la lumière,
La fête de ton teint lilial et le deuil
    De ta sombre et lourde crinière ;

Et tout ce qui me fut le suprême abandon
    Des Cieux, du Rêve et de la Vie,
Ta beauté surhumaine où mon âme asservie
    Trouve sa gloire et ton pardon !

XVI

Sous les cieux que peuplait de ses grâces robustes
L'héroïque troupeau des filles d'Astarté,
Calme, j'aurais été, durant l'éternité,
Le familier discret de tes formes augustes.

A l'ombre des splendeurs sereines de ton corps
J'aurais dormi le rêve éternel que je pleure,
Absous des trahisons de l'espace et de l'heure
Qui font tous nos pensers douloureux et discords;

Et d'une mort sans fin plus douce que la vie
Ta lèvre eût mesuré, seule, l'enivrement
A mes sens confondus dans l'immense tourment
Dont Vénus embrasait l'immensité ravie.

O douleur! — le temps fuit ; le temps brise, — tu pars,
Et, des bûchers mortels dédaignant la brûlure,
Tu t'enfuis emportant, parmi ta chevelure,
De mes cieux déchirés tous les astres épars.

XVII

Et pourtant l'infini qu'en leur vol diaphane
Poursuivent, sous ton front, tes rêves surhumains,
Je l'enfermai pour toi, moi mortel, moi profane,
Dans mon cœur élargi par mes sanglantes mains.

Dans ma poitrine ouverte, argile sacrilége,
J'avais senti passer l'âme errante des Cieux,
Portant, comme un parfum, jusqu'à tes pieds de neige
L'immense amour qui fait l'azur silencieux,

Qui fait la mer pensive et tristes les étoiles
Dans l'air vibrant du soir que bat son aile en feu,
Qui fait la nuit sacrée et sème ses longs voiles
D'astres brûlants tombés des paupières d'un dieu.

Ces pleurs divins, ces pleurs que ton orgueil réclame,
Cet infini qui fait ton mal et ta pâleur,
Pour toi je l'ai porté tour à tour, dans mon âme,
Vivant, dans mon amour, et mort, dans ma douleur !

XVIII

La fierté de mon être ici gît tout entière :
Mesurant au tombeau l'amour enseveli,
J'ai jugé sa grandeur à peser sa poussière,
Et pour lui ne crains pas l'outrage de l'oubli.

A l'horizon perdu des visions aimées,
Son spectre, chaque jour, se lève grandissant,
Et, comme un soleil rouge au travers des fumées,
Teint ces pâles brouillards du meilleur de mon sang.

En fuyant vers l'azur malgré toi tu l'emportes
Dans le pli virginal de tes voiles sacrés,
Ce sang vermeil et doux des illusions mortes
Dont ma veine a rougi tes beaux pieds adorés.

Et je monte, vivant, avec toi sur la cime
Où te suit sans merci mon amour obsesseur,
Palpitant comme toi de ton rêve sublime,
Fille auguste et terrible, ô cruelle! ô ma sœur!

ÉPILOGUE

LE TESTAMENT

Du temps et de l'oubli bravant la flétrissure,
J'ai porté mon amour superbe par les cieux ;
Laissant couler mon sang, j'ai caché ma blessure,
Et mon rire navré but les pleurs de mes yeux.

Ne méritant de Toi ni pitié ni colère,
Brisé, mais non vaincu, j'attends l'heur de mourir,
— De ma longue vertu dédaignant le salaire,
Par Toi j'ai tout perdu, fors l'orgueil de souffrir !

Je savais que t'aimer était une œuvre impie
Et j'ai jeté mon être en proie à ta Beauté.
—Jaloux de ma douleur, fier du mal que j'expie,
Je marche, en te chantant, vers l'immortalité.

Et maintenant j'ai dit : — Sois belle et sois aimée ;
Ouvre à qui veut mourir le tombeau de ton cœur.
— Dans mon amour viril j'ai ma gloire enfermée,
Et de l'oubli, ton nom fera mon nom vainqueur !

Août 1842.

Achevé d'imprimer

LE TRENTE OCTOBRE MIL HUIT CENT SOIXANTE-DOUZE

PAR J. CLAYE

POUR

A. LEMERRE, LIBRAIRE

A PARIS

PETITE BIBLIOTHÈQUE LITTÉRAIRE
(AUTEURS CONTEMPORAINS.)

Volumes petit in-12 format des (Elzévirs)
imprimés sur papier vélin teinté.
Chaque volume : 5 fr. et 6 fr.
*Chaque ouvrage est orné d'un portrait
gravé à l'eau-forte.*

FRANÇOIS COPPÉE. Poésies (1864-1869). 1 vol. . . . . 5 fr.
— — THÉÂTRE (1869-1872). 1 vol.

THÉODORE DE BANVILLE. Poésies (1870-1871). *Idylles
prussiennes.* 1 volume . . . . 5 fr.

ANDRÉ LEMOYNE. Poésies (1855-1870). *Les Charmeuses. —
Les Roses d'antan.* 1 volume. . . . . 5 fr.

JOSÉPHIN SOULARY. Œuvres poétiques (1845-1871). Première partie. — Sonnets. 1 volume. . . . . . . 6 fr.
— — POÈMES & POÉSIES. 1 vol.

SULLY PRUDHOMME. Poésies (1865-1866). *Stances et Poèmes.*
1 volume. . . . . 6 fr.
— — POÉSIES (1866-1869). 1 vol.

SOUS PRESSE

Les Stalactites, par Théodore de Banville,
L'Ensorcelée, par Barbey d'Aurevilly,
et les Œuvres de Léon Gozlan.

Il est fait un tirage de cette collection sur papier de Hollande
sur papier Whatman et sur papier de Chine.

Paris. — J. CLAYE, Imprimeur, 7, rue Saint-Benoît. — [1819]

www.ingramcontent.com/pod-product-compliance
Lightning Source LLC
LaVergne TN
LVHW022206080426
835511LV00008B/1613